文史哲詩叢之1

花之戀

——雁翼的情詩

雁翼著

文史哲出版社印行

國立中央圖書館出版品預行編目資料

花之戀 / 雁翼著. -- 初版. -- 臺北市 : 文史哲, 民80
面 ; 公分. -- (文史哲詩叢 ; 1)
ISBN 957-547-094-X (平裝)

851.486 ○ 80004596

① 文史哲詩叢

花之戀
——雁翼的情詩

著者：雁翼
出版者：文史哲出版社
登記證字號：行政院新聞局局版臺業字〇七五五號
發行所：文史哲出版社
印刷者：文史哲出版社
台北市羅斯福路一段七十二巷四號
郵撥〇五一二八八一二彭正雄帳戶
電話：三五一一〇二八
實價新台幣一四〇元
中華民國八十年十二月初版

ISBN 957-547-094-X

花之戀 目次

——雁翼的情詩

詩壇重鎭雁翼……墨人……一
詩的自白——代序……九
題桃樹……一一
並沒有落雨……一四
給燕子……一五
花之戀……一六
織……二七
給K……二八
愛的思索……二九
致……四二
西湖畫影……四三

我心的天宇上……………………………………四四
湖……………………………………………四五
朋友，不要許諾……………………………四七
愛河上………………………………………四九
你可曾等待…………………………………五〇
杜鵑花傳奇…………………………………五三
失約…………………………………………六二
思念…………………………………………六四
夜思…………………………………………六八
我曾扮演悲劇………………………………七〇
失戀者………………………………………七四
北海早晨……………………………………七六
我歌頌寂寞…………………………………八〇
雪啊，雪啊…………………………………八三
美的震動……………………………………八九
斗室偶記……………………………………九一
情史的十四行詩……………………………九三

女人的十四行詩……一〇四
冬天的十四行詩（九首）……一一四
海愛……一一四
村頭小景……一一六
看孩子捕鳥……一一八
潔白的暗示……一二〇
月夜……一二二
冰河……一二四
童話的建築……一二六
走在雪野……一二八
雙影……一三〇
隨感十四行詩（七首）……一三二
給凃靜怡的十四行詩……一三二
故宮的龍椅……一三四
秋雨……一三六
太陽雨……一三八
逝去的歲月……一四〇

錯愕的夢……一四二
夢……一四四
必須要說的幾句話……一四七

詩壇重鎮雁翼

墨人

雁翼，原名顏鴻林，一九二七年農曆五月十一日出生於河北館陶。一九四九年春發表第一組抒情詩迄今，共出版短詩集「大巴山早晨」、「在雲彩上面」、「勝利的紅星」、「黑山之歌」、「黃河帆影」、「紅百合花」、「展翅高飛」、「唱給地球」、「唱給祖國」、「雪山紅日」、「抒情詩草」、「白楊頌」、「畫的長廊」、「淚浪集」、「奴隸頌」（詩畫集）、「時代的紀實」、「紅海行」、「南國的樹」、「白楊林風情」、「拾到的抒情詩」、「雁翼兒童詩選」、「獻給上海的玫瑰」、「雪地征鴻」、「雁翼抒情詩選」、「愛的思索」、「雁翼詩選」、「雁翼的詩」、「獻給城市的無花果」；長詩集「風暴中的母親」、「金色的鳳凰」、「彩橋」、「東平湖鳥聲」、「桔林曲」、「紫燕傳」；詩論集「詩的信仰」、「詩與美的隨筆」；小說散文集「我的戰友」、「彩色的土地」、「作家的童年」、「子夜燈影」、「沒有聲音的歌」、「黃河紅帆」、「范蠡與西施」、「愛的誘惑」；話劇集「風雪劍」；

電影、「黃河少年」、「燈」、「元帥與士兵」、「十月風雲」、「山城雪」、「古城軼事」等。此外他還主編了一些詩刊和詩選，獲各種作品獎十三次。長詩「東平湖鳥聲」、「愛的思索」，短詩「在雲彩下面」、「給燕子」、「倘若」等四十八首及散文分別譯為韓、俄、英、法、德、日、印尼文在國外出版。

從以上五十二種著作目錄及相關事實中，我們不難發現雁翼是一位精力旺盛，才氣縱橫，受國內外肯定的詩人作家。不過基本上他還是一位詩人，一切都從詩出發，始終鍾情於詩的人。他還有一項與古今中外詩人作家不同的特殊經歷，即：十歲從軍。這是他親口告訴我的。至於十歲結婚則是他在「沒有聲音的歌」跋中寫的，這也只在苦難的古老的中國才會有這種特殊情形。他的生活經驗非常豐富，足跡幾遍全中國，也曾遠至歐洲，他是一位在生活中打滾的詩人，不是生活在象牙塔中的詩人。

新詩本來是沒有一定形式的，他的詩更不拘形式。有些幾十行一首的詩，從頭到尾都不分段；有些分段的詩，又歡喜用一、二、三……數字來劃分；有的詩句子比較短，有些詩句子又相當長；他是一位不受形式拘束的詩人。但他不走偏鋒，不標新立異，他遵守詩的創作規律，而且更懂規律，文字的組合十分協調和諧，自然產生詩的節奏韻律美，但又絕非陳腔濫調的韻文。他敢於大膽創造，敢以各種生活題材寫詩，敢於呈現自然。他眼光遠大，胸襟寬廣，天地皆詩。他的筆縱橫馳騁，情懷浪漫，卻操守很嚴，格調也很高，而又溫柔敦厚，絕無狂妄囂張之氣，所以能成大器。

由於「詩言志」，由於雁翼敢於呈現自己，因此我們在他的作品當中，很容易看出他的人格的反映，也可以看出他的詩的風格。而最具有「夫子自道」性質的一首詩是他一九八二年二月二十日在上海寫的：「我是一堵牆」：

我是一堵泥土疊成的牆，立著，
任人用謠言的塗料，
管他們用紅，用黑，
我自己並不想反駁。
因爲我有我自己的顏色。
並且，有著自己的職責。
——夏擋烈日，
——冬擋風雪。
就是被衆手推倒吧，
泥土仍然是泥土，

不會改變質地，
不會改變性格，
照樣營養著綠色的禾苗，
渴盼著金色的果。
因爲，我知道，謠言塗抹的我的外表，
定會被時間的風雨剝落。

在這首詩裡他將他的人格完全呈現出來。他將自己定位爲泥土疊成的牆，而這堵牆又是「夏擋烈日，冬擋風雪」，這完全是一種無我的奉獻。「不會改變質地」，也「不會改變性格」。事實上他也是這樣的人，沒有雙重人格，他熱情而不輕浮，平實而不誇張，自己種樹別人乘蔭的時候多，但他無怨無悔，仍然辛勤開拓，繼續向前。他心中充滿愛，沒有恨。在「杭州的三行詩」最後兩段中他是這樣寫的：

杭州呵，傳說故事和神話，
疊築的城池——
人和神都喜歡住的地方。

但不要爭奪，不要打仗，
歷史知道，人敗了神也會死亡，
神死了人也會覺得荒涼。

他十歲從軍，打過不少仗。一九四六年九月十三日大揚湖戰役中，曾經負傷，他知道戰爭會帶給人類多大的痛苦創傷。

他心中充滿了愛，所以他「不要爭奪，不要打仗。」這是眞正的詩人的心。因此，他對於詩的執著亦無可取代。他對於詩的體認自然十分深刻。他在「雁翼詩選」代序「詩個性的思索」中，有不少極爲中肯的見解：

……詩人是抒情詩裡唯一的主人翁。抒情詩是詩人直接向世界說話，向世界講敘自己心靈活動的文學樣式。

什麼樣靈魂的詩人就寫出什麼樣生命的詩。
詩人最大的失誤是不敢或不願在詩中赤裸裸地暴露自己。
你忠於詩，詩才忠於你。
你騙詩幾分，詩也騙你幾分。
詩的最高技巧表現是描繪好詩人自己心靈感受人生的眞實。

詩人最大的不幸和悲劇是，爲了作品適應氣候而存活，把自己眞實的感情和心靈從詩行裡刪去了，結果是，詩作品形式的活了，但一如紙紮的花一樣沒有生命。

氣象學家和詩人是兩種絕不相同的職業。

在詩藝術領域裡，詩人面前沒有路，等待他去走出自己的路。

長江吸取了許許多多小河的水，但它不是把自己變成小河，而是鑄造自己浩瀚的身型。

他也反對模仿。在文中他引用了他故鄉邯鄲一座「學步橋」的寓言故事，說一個燕國人來趙國學走路的步態，結果是趙國人的步態沒有學會，卻把自己的步態忘記了，只好爬著回到燕國。他以這則寓言故事啓示詩人不要學步，也是十分中肯的。其實，用之於文學藝術任何部門，莫不恰當，何止於詩？

至於他對詩的本身的詮釋，他在「在北京拾到的」組詩中「詩的自白」裡有明確的宣示：

我不是火，

不能給你光和熱；
同時，我也不是黑暗，
不能把你的光輝襯托。
我不是水，
不能濕潤你乾裂的唇，
我不是花，
不能點綴你寂寞的生活。
我是什麼，我是什麼？
像夢沒有形，像空氣沒有顏色，
我只是想像中的銀幕，
任你用生命的光影投射。
但倘若你心裏的火已經熄滅，
不要責怪銀幕的荒漠！

這就是他心中的「詩」，他一直把他「生命的光影」投射在「想像中的銀幕」上。他心中有太多的愛，包括對國家、民族、母親、朋友，以及男女之愛。在他的作品中，我發覺他是一位不幸的愛情飢渴者，受難者。他不是一位濫於愛情的浪漫詩人，他有他的情操，也可以說他是一位純情者，情與慾分得很清楚，更不是以慾當情的人。這在現實社會就註定會發生愛情的悲劇，因為月老常常錯點鴛鴦譜，而男女兩個異體要恰當地定位在一個最適合的結合點上，都是難上加難。為什麼人間有這麼多悲劇？文學家有永遠寫不完的悲劇？詩人以詩直接表達，小說家以小說借他人酒杯澆自己心中的塊壘，就是愛情與婚姻的錯位造成的。

雁翼的詩作裡，愛情詩不少，但都相當含蓄、深沉，哀而不傷。如「我曾扮演過悲劇」、「她來看我」，讀後會有一種無奈的感覺。畢竟詩人作家都不是造物者，他們是揹著十字架的凡人，又沒有進天國的打算。這個結是自有人類以來都解不開的。因此，詩人只好寫詩，小說家只好寫小說，而又沒有多少讀者眞能體會出來。這也是詩人作家的另一悲哀。不管他們享有多少虛榮盛譽，實際上他們多無所獲。

以年齡和作品的質量來講，雁翼都可以視為大陸詩壇的重鎮。因為比他老一輩的詩人已經不多，而且都到了垂暮之年。他雖然已經六十出頭，但創作力仍然旺盛，不亞於年輕的詩人，而且對於詩運的推動和文學交流不遺餘力。他現任世界華文詩人協會會長。

詩的自白

——代序

我不是火
不能給你光和熱
同時，我也不是黑暗
不能把你的光輝襯托
我不是水
不能濕潤你乾裂的唇
我不是花
不能點綴你寂寞的生活
我是什麼？我是什麼
像夢沒有形，像空氣沒有顏色
我只是想像中的銀幕

任你用生命的光影投射
但倘若你自己心裏的火已經熄滅
不要責怪銀幕的荒漠

一九七九年春

題桃樹

我出征的時候，你才剛剛發芽，
在我們相別的日子裏，你已經長大。
今天，看見你滿樹豐艷的果實，
我怎能夠不含淚思念起她。

記得，一個初春的早晨，
我們共同把你——蜜桃的種子埋下，
希望我們的幸福，像你一樣天天生長，
希望我們的愛情，像你一樣開花。

就在你萌芽破土的那天晚上，
鬼子用排炮把我的故鄉轟炸，

我帶著仇恨和愛情奔向戰場，
她懷著堅強的信念仍留在家。

戰壕的夜裏，我在天空尋找她的眼睛，
衝鋒後的夢裏，我與她見面、說話。
今天，我勝利地回來了，桃樹呀，
只見你美麗的身姿，卻不見了她。

桃樹啊，請告訴我，我的愛人
怎樣地爲你澆水、拔草，
她又是怎樣地爲保衛你和故鄉，
掄起扁擔，猛力向敵人劈打！

當鬼子第二次向她撲來，
她又是怎樣用剪刀把敵人的眼睛刺瞎！
當匪徒向她發出那致命的一擊，
那罪惡的鉛彈，是不是使她立即倒下？

啊桃樹，請告訴我，她倒下的時候，
托你給我留下了什麼話嗎？
不要只望著我的眼睛發呆，
親愛的桃樹，你說啊，說啊！

她把忠誠的愛情獻給了故鄉，
她美麗的身體，就在你的身邊埋下，
桃樹呵，你能不能把我的愛人喚醒，
你能不能代替我的愛人說話……

一九五六年九月於館陶

並沒有落雨

並沒有落雨，而且月明天藍，
湖畔卻盛開著荷花似的傘。
遮住了遊人的眼睛投來的雨點，
擋住了明月嫉妒的視線。
兩顆火一樣的心躲在傘下燃燒著，
無聲地交換愛的赤誠和誓言。
一片好心的雲飄來了，飄來了，
傘下的吻更狂、更濃、更甜。
呵，在情人的眼裏世界是顛倒的，
愛的光明，是躲進黑暗……

一九七九年九月於廣州

給燕子

你帶走了，帶走了
悵惘的春，
狂熱的夏，
多愁的秋。
不，還有，
還有什麼？
你把話密封在心裏，
而我，又怎麼好意思說透！
只是在風雪橫行的冬，
夢裏，你站在窗外枝頭，
呢喃，呢喃地呼喊，
呼喊著我胸膛裏那股熱流……

一九八〇年三月於北京

花之戀

一

北國京都，
南國羊城，
到處是紫，是藍，是紅，是綠，
給了我多少春情？

二

是我的眼睛望著花，
還是花望著我的眼睛？
夢中的痴心，
痴心的夢。

三

也許，花朵兒在哭？
點點露珠晶瑩；
也許，花朵兒在笑？
露珠裏腮紅流動。

四

天上的朝霞，
許是花的身影？
又藍又淨又深的天，
許是花的心境？

五

顏色與顏色的比賽，
姿容與姿容的競爭，
並不排擠，妒嫉，

而是互相襯托、補充。

六

夾在書頁的花朵，
枯萎了。
是不是也枯萎了——
花朵樣的愛情？

七

有的朵兒很小，
在大的葉下藏身隱形，
只用清郁的香，
把美感加濃。

八

有的朵兒很大，
在小的葉上舞姿弄影，

像一個狂教徒，
把心獻給虛空。

九

供桌上的花，
盡管營養著蛋青，
心卻是寂寞的，
沒有來訪的蝶、蜂。

一〇

還是開在荒野吧，
盡管風熱雨冷，
心卻是自由的，
無需向誰般勤獻情。

一一

有的只開花不結果——

算不算虛度一生？
有的只結果不開花，
默默地獻出生命。

一二

花們是有幸的——
世界上一切美的
內心和外形，
都用花形容。

一三

花的赤誠；
花的純淨；
無私的給予，
壯烈的犧牲。

一四

不要把花朵兒，
看作弱女的象徵，
它們是世上的強者，
強過人的智，虎的勇。

一五

凡是有人的地方
都有花，
沒有人的地方，
也有花的行踪。

一六

在恐龍時代之前很久，
就有了花；
也許，正是花的單薄的心，
給了地球以生命。

一七

花朵凋謝了，
不要傷情，
那不是愛的失敗、愛的死亡，
而是愛的勝利、愛的繁榮。

一八

冬，根在泥土裏，
睡了，等待著醒；
醒了，千姿萬態的花，
是不是冬的夢？

一九

夢見了蝶的撫愛，
蜂的親吻；
秋的清涼，

冬的寒冷。

二〇

我失去的夢，
也在花間找到——
有的蒼白，
有的火紅。

二一

是在戰場上吧？
花枝掩著槍的准星，
花的眼睛和我的眼睛，
在准星缺口上集中。

二二

是在鐵窗裏吧？
對面高牆上，

一朵小小的黃花，
望著我凋零。

二三

是在長安大街，
凍結的大地，
捧著潔白的心，
爲他守靈。

二四

我垂下了頭，
像是花果的沉重，
壓彎了枝條，
收獲著悲痛。

二五

花，死者的安慰，

生者的感情；
老者的回憶，
孩子的憧憬。

二六

花的靈性，
天氣和地氣的合成，
有的育心，
有的除病。

二七

也許，藝術家們，
在花那裡學來了本領，
從生活的泥土的細胞裏，
提煉出萬紫千紅。

二八

插在瓶裏的花，
是不會結果的，
是愛的手，
把花的生命斷送……

一九八〇年六月，成都

織

晚班我去你來，早班我來你去，
兩顆心緊繫於一排織布機。
歲月的珍珠，由梭子穿起，
一半是我的情，一半是你的意。
倘若緯線是我，經線是你，
織成的難道僅僅是如霞的布匹？
雖然，那裏面缺少月下的纏綿細語，
卻有著，卻有著如狂似痴的追憶。
如果狠心的把它撕裂開來，
毀了我，同時也毀了你自己。

一九八〇年六月於成都

給K

眞幸運，我又是夜來看你，
欣喜中又有點兒驚異，
你用各色的光亮妝扮自己，
比白天更加富有詩意。
因爲，你把醜的部分藏進黑暗，
把美的部分放在了光亮裏，
用繪畫的技法，
突出你最美的形體，
讓人迷戀，
迷戀得願意爲你死去。
但我又想，那光照的東西，
是不是每一樣都是美的？

一九八〇年二月

愛的思索

一

愛情，像朵花嗎？
花朵的生命太短暫，
短暫得令人哀傷。
像樹？
而樹又不會思想。

二

那麼，像大地？
滋育著萬物生長。
像，又不像，
當大地冰封雪蓋，

愛情之樹仍葉綠枝壯。

三

像大海吧？
那樣豐富、浩瀚、深廣，
而且是風風浪浪。
也許，海洋和愛情，
是互相模仿？

四

愛情，單純得如一顆寶石，
晶瑩、透亮。
映照了人們靈魂的——
美與醜，
淨與髒。

五

又複雜得如一張
迷亂、神奇的網，
多少蓋世英雄，
明智的帝王，
都在愛情網裏失去了反抗！

六

啊啊，愛情，
支配著多少人，
幸福歡唱，
痛苦悲傷，
發瘋發狂。

七

愛情，這部迷人的戲劇，
消耗了多少竹簡、紙張？
人類歷史有多久，

愛的悲喜劇就有多長，
而且，至今沒有收場。

八

連最理性的賢明的神，
也在愛情場上來往。
天上，玉女下凡偷情，
地上，男性神殿的後面，
總有著女性神的殿堂。

九

那麼，愛情，
究竟是什麼模樣？
多少種描繪，
就有多少樣——
主張和期望。

十

周幽王用烽火臺的火，
妄圖把他黑暗的愛情照亮。
愛的美麗嗎？
荒唐者的霸占，
霸占者的荒唐。

十一

楊貴妃的愛情，
被稱爲千古絕唱。
其實，那只是美貌
與財富、權勢的交換——
愛情場上的珠寶商。

十二

珠寶商樣的愛情，

產生於私有制社會的土壤。
那麼，公有制社會的今天，
那樣的愛情商人，
是不是完全改行？

十三

綉花窗廉後面，是不是還有
楊貴妃的憂傷？
趙飛燕的舞影？
武則天的放蕩？
——肉的論價交往。

十四

是什麼魔術？
把不相愛的人，
吸引到一張床上，
又把相愛的心，

禁錮在不同的地上。

十五

同床異夢，
同夢異床，
這顆古老而又腐朽的樹，
一萬年了吧？爲什麼
還沒有枯萎、死亡？

十六

沒有愛情的婚姻，
組合了沒有愛情的家庭，
那中間的空白，
難道僅僅是
財富和權勢的補償？

十七

有愛情的婚姻，
組合了有愛情的家庭，
可是，爲什麼？
陳世美、朱買臣的悲劇，
至今還在演唱？

十八

愛情，唉！愛情，
可不是作衣裳，
新的時候，穿在身上，
漂亮，誇獎，
舊了，就丟到一旁。

十九

在珠江畔，在浦江旁，

那緊緊偎依的倩影，
使我憂慮而又恐慌，
親吻中的海誓山盟，
明天，會不會遺忘？

二十

而且，我想，那樣的愛，
和鴿子的互相追求，
貓的你叫他嚷，
在本質上，
有什麼兩樣？

廿一

還有，愛情的果實，
難道僅僅是生男育女？
倘若是那樣
人類不就又退回到

遠古洪荒。

廿二

人類告別猿猴，
已經幾百萬年的時光。
不要再把獸的本性，
硬移到我們——
大寫的人的身上。

廿三

眞正的愛情，
不應是肉的互相占有，
而應當是兩顆心靈，
互相滲透，
互相滋養。

廿四

人類既然創造了，
高度文明的世界；
也應當創造
高度文明的
愛情的憲章。

廿五

愛就純潔的愛吧，
何必看有多少嫁妝？
存款單上數字的短長？
只要心是火熱、滾燙，
相伴度過人生的寒涼。

廿六

愛就純潔的愛吧，
不要把父母地位的砝碼，
加在愛情的天平上。

難道什麼書記的兒子，
必須配一個什麼長的姑娘？

廿七

赤誠的愛情，
是雙方無私的給予！
像火，互相燃燒，
像燈，漫漫旅程中，
互相照亮！

一九八一年四月

《愛的思索》全文發表附記

這是《愛的思索》的全文，最初發表在香港的《新晚報》上，日本很快翻譯了，譯者是莊野英二先生，他是日本著名的兒童文學作家和理論家，寫過許多美麗的作品，中國有他的譯本，他在一家大學當校長，曾翻譯過我的一些短篇抒情詩。

《愛的思索》是一九八一年四月完稿的，其中的十七節曾由電影演員喬榛在上海一次詩歌朗誦會上朗誦過，從此就流傳開了，一家大學的內部刊物刊登了，接著南海一家市級刊物公開發表了出來，河北的花山文藝出版社也把這首詩收進了我一册短詩集裏，但都是片斷，不是全稿。

我所以決定把全文發表，是由於中央人民廣播電臺於一九八三年三月六日配樂廣播了全詩，同時播送了我的另一首抒情長詩《花之戀》和周佩紅寫的一篇我的訪問記之後，接到了許多聽眾來信，問我全詩發表在什麼地方，要求我把詩稿寄給他們，而中央人民廣播電臺的文藝部，也收到了許多聽眾來信，他們像我一樣無法滿足聽眾的要求，於是進行了協商，決定他們在五月六日和八日再次重播，而我把全詩通過發表交給關心的聽眾和讀者。

關於這首詩的寫作情況和構思過程，周佩紅的文稿中已經講了，這裏不再重複。

一九八三年五月十八日於無錫

致

倘若我的違心的承讓，
能餵飽你高傲的自尊，
我可以作出那樣的犧牲——
說我不愛你是假，愛你是眞。
對於你，也許是一種滿足，
對於我，是不是過於殘忍？
你可以在朋友面前誇耀了，
誇耀你的美俘虜了一顆心。
但那只是西天的一朵彩霞，
雖美麗，卻不是有雨的雲。

一九八二年四月廿五日上海

西湖畫影

似乎，達·芬奇剛剛來坐，
讓我欣賞他的一幅畫，一幅得意的傑作，
——整個畫面如墨汁橫潑，
披散的長髮壓肩、長裙腰裏，
如一團黑雲鑲著一輪明月。
但燎我心靈的是眼睛裏燃燒的火，
卻又膽怯地閃躲，
也許，怕把我燒著？
也許，怕遇見冰雪？
我不知道，我才不安的思索，
但達·芬奇滿意的把畫拿走了，
只留下一輪月影，悄悄的伴著我。

我心的天宇上

我心靈的天宇上，今天，
從來沒有過的明淨，
找不到一點風迹，
尋不見一絲雲影。
像被水洗過一樣——
一樣的新鮮，透明，
倘若有陽光照映，
一定會更加溫存、多情。
於是，我想起了
風浪過後的海面的安靜，
安靜的等待著，
風和浪再一次的任性。

一九八一年十月三日

湖

是誰的一腔柔情，
那樣的激動，許給了風，
——漣漪起了又散，散了又升。

是誰的一雙眼睛，
淚花盈盈，
——是痛苦還是高興？

是誰的一方紗巾，
丟失在這裏了，
——是無意還是有情？

也許，只是一個永不會圓的夢，
藏在垂柳絲裏，
——望著荷花枯榮。

一九八二年四月廿四日　上海

朋友，不要許諾

不不，朋友，不要許諾，
許諾，很可能成爲生命的十字架，
把你我的靈魂折磨。

命運的火車頭，
在命運的軌道上拉著你我，
並不一定能在同一個站臺上會合。

再說，我們生命的時間，
雖然裝在同一個倉庫裏，
但分給你我的並不會同等的多。

還是默默的期待吧，
並且，在期待中辛勤的耕作，
——讓無形許諾變成有形的花果。

愛河上

是接受同時也是給予，
是順從同時也是征服，
是痛苦同時也是幸福。
如果誰只選擇其中的一樣，
愛情的河流上，
征帆便會沉沒。

你可曾等待

一

你可曾被友人等待？你可曾等待過友人？
倘若沒有過，
好比荒蕪的沃土沒有被開墾。

二

等待，感情國土上瑰麗的花朵，
開了又落、落了又開，從生命之始，
直到你生命的最後時辰。

三

孤寂、煩惱、焦慮、驚喜、歡欣，

全是等待花朵上的
晶瑩的露珠，芬芳的花粉。

四

不要把等待僅僅劃歸私情，
假如說情愛是樹，
等待便是森林。

五

也許，只因爲你知道有友人等待，
大海中你看見了陸地，
深夜裏你看見了黎明。

六

正因爲有你忠實的等待，
友人倒下了，又重新站起，
撫著淌血的傷口向你走近……

七

也許，等待需要漫長的一生，
——漫長一生的堅韌
衛護一顆富有的心！

八

當等待得不能再等待的時候，
朋友，警惕呵，化裝的小偷，
會乘虛偷換走你的靈魂。

一九八五年四初二十九日

杜鵑花傳奇

我總覺得，那含露的花朵，
像櫻桃小嘴，欲張欲合，
用沒有聲音的聲音
呼喊著「表哥」。
那表哥，服從父母的旨意，
和另一個女人締結了婚約。
於是，她懷著破碎的心，
走進了尼姑庵，
耕耘她無盡的哀傷和寂寞。

像滿山凝固了的血，
記載著那個悲慘的傳說。

心碎並非心死啊，
生別並非死滅。
單調的木魚聲聲，
敲碎了她少女的歲月，
獻給泥塑的如來佛。
但如來佛給她的，
只是無盡的孤獨和冷漠，
並不能把她的心魂，
帶上天國。

虛空中的安慰，
沙漠中的磷火。

而夜色，豐滿而多彩的夜色，
卻把她愛的道路鋪設，
夢中的相會，
代替了醒的離別，

表哥牽著她的手，
採花、捕蝶。
血紅血紅的杜鵑，
開滿她夢中的小路，
迎著她和他的笑語輕歌。

醒著的淚水點點，
化成夢中的露珠顆顆。

而醒來，只有沒有性靈的烟火，
伴著她有性靈的思索。
她多麼渴望，
永遠在夢裏生活，
夢中有愛的赤誠，
有愛的熾熱，
熔化她醒的冰雪。
她害怕了，害怕醒後的

靈與性的折磨。

據說，從那時候起，
夢，便成了愛的天國。

她的不死的愛情，
感動了一位藝術家——
一位塑造神像的小伙。
他決定用他的藝術，
把她的夢境塑出來，
讓她的夢在醒裏復活，
這樣，她冷酷的醒，
就會像夢一樣美麗，
一樣的熱烈。

難道夢眞的貴於醒？
冰眞的貴於火？

就這樣，善良的藝術家，
創造了一個夢的世界——
一座花山，
一條小河，
她牽著表哥的衣袖，
在小河裏划舟，
在山坡上採摘花朵，
她偎在表哥懷裏，
醉望月上的月圓月缺。

夢和醒路程本來很遠，
又近得一紙相隔。

可是，藝術家塑造的杜鵑花，
總不是夢中的顏色。
藝術家苦惱了，
苦惱得忘吃忘喝。

他不願意眞的夢景，
被假的色調所破，
他更痛苦少女愛的烈焰，
被他低劣的藝術，
無情的撲滅！

藝術與眞實，
是血與肉的結合。

藝術家走出了廟門，
走向了山野，
他尋找，
他思索，
無意間山上的荆刺，
掛破了他的腳，
一點點血光，
使他歡喜而又驚愕——

血光中找到了她夢中的顏色。
沒有血的藝術品，
沙灘中的貝殼。

藝術家回到了尼姑面前，
手撫胸口，垂下頭，說：
「你再闔眼進入夢境吧，
待你明晨醒來，
你的表哥，將會
摘下你夢中的花朵，
插在你的鬢角。」
說罷，藝術家走了！
進入他最後的創作。

藝術品的生命，
藝術家的鮮血！

第二天，當多情的她，
從夢中走進清醒，
她眞的看見了表哥，
在滿山杜鵑花間吟哦，
而且，那花，每一朵，
都是她夢中的顏色。
但花旁卻倒下了藝術家，
他已經死了——
花朵上滴著他的熱血！

你看，那欲張欲合的花，
還在說，還在說……

我聽不懂，聽不懂，
杜鵑花說的什麼。
也許在講尼姑美麗的夢，
被赤熱的血滴破！

她躺在了藝術家身邊，
把她永恆的愛情，
用她自己的血，
在滿山杜鵑花朵上，
和藝術家結合！

啊，我終於聽懂了——
杜鵑花唱的悲壯的歌。

一九八三年四月廿六日於太湖
一九八四年四月廿日改於成都

失約

又一次失約，只是爲了
逃避再一次別離的痛烈。
三十年的思念，
如小溪的水，
曲灣坎坷的向前流，
微波匯成了激浪，
拍擊心的崖壁。
還是忍住了腳步，沒有
邁向那個預約的時間和地址。
也許，你怕找不到，我的
瀑布似的披髮；
我怕失去了，你的

燎人心魂的凝目。
漫漫歲月如甘露，
滋育著思情之樹——
不許花開也不許花枯。
再一次的失約，只是爲了
保存初戀的情懷。

一九八六年十一月於北京

思念

一

不要問是什麼使我抗拒離別的熬煎，
你忘了，那麼一個黃昏，
你偷偷放在我心裏的思念。

二

別離之苦，雖軟，軟如線，
纏著我的黑夜，
也纏著我的白天。

三

當我沒有力量忍受，思念之手

便神奇地把路程縮短——
把你牽到我的面前。

四

或者，把我的視線牽走，
穿過不能穿過的空間，使我
望著你如雲的長髮如月的臉。

五

倘若你把思念收回，即使
你天天守在我的身邊，也如同
相隔十萬架大山。

六

但我不知道我交給你的思念，你
是否如我一樣收藏在心坎，
或者放在窗臺上被風吹乾。

七

幸虧我不知道，我才這樣憨，
只有執着的渴盼
沒有單戀者的哀嘆。

八

而你呢？倘若心裡沒有思念，
一定空虛得如沒有星月的天，
貧窮而又黑暗。

九

而我卻是富有的，我的心
時時有思念陪伴，
哪怕隻身一生也不會孤單。

十

心裏沒有思念的人，就如同
沒有波浪的大海，
沒有風帆的征船。

一九八五年五月三十一日

夜思

一顆流星，偶然又必然的
在你的夜宇劃過，我希望
那不是我的過錯。

就算是過錯，我希望
在你冷的心際，
留下的是火。

不要怨季節
夏天過冷，
冬天太熱。

命運之神不該把我，
也把你創造成
不忍冷漠的星座。

既然相撞了，相信吧，
閃爍的火光裏，
有痛苦也有歡樂。

待命運再一次引誘心靈相撞，
那就撞碎吧，在烈焰中，
新生或者毀滅。

一九八七年十一月廿九日

我曾扮演悲劇

一

原諒我舊事重提，在這裏
我曾扮演過一場悲劇，
人生不能摻假，又何必迴避！

二

父母之命創造的一個傳奇，丈夫
一個還尿床的小孩子，新娘，
一個二十歲的大閨女。

三

多少人祝賀啊，說是人生的大喜，

——她哭得昏倒在地，
我嚇得藏東躲西。

四

不細說過程了，我只是說我
既不知道作丈夫的義務，
更不懂作丈夫的權力。

五

幸虧抗戰了，我從軍而去，
返鄉時帶回一部新婚姻法，
救她也救我自己。

六

唉，眞不容易，嫁鷄隨鷄，
嫁狗隨狗的愚昧，質問我：
俺哪一點對不起你?!

七

我的心顫抖了，倘若她有過
對不起我的事，也許
我的心不會只有哭泣。

八

偏偏她那樣老實，
偏偏她那樣規矩，
悲劇就更加慘凄。

九

我知道我負父母之命，賊一樣
搶奪了她十年的青春，
這債我無法還，也還不起。

十

原諒我舊事重提，在這裏
悲劇的導演魂還在，我真怕，
悲劇之後再演悲劇。

一九八五年十月於石家莊

失戀者

往往從幸福開始，
往往以痛苦結束。

感情的白花，蝴蝶翅膀一般
純潔的交給風雨，
搖落。難道
僅僅悲嘆和怨恨？
如滿樹的落英，
任風玩弄，
任雨浸濕，
沒有知覺的轉化爲泥？
不要說那安慰的話——

死了，爲恩報於母體。

幸福總愛分給友人，
痛苦卻深埋心底。

一九八六年八月北京

北海早晨

一

北海，你在戀愛了吧？
剛醒來，就懷抱如花的紅霞，
是他送給你？是你要送給他？

二

垂柳可是你的長髮？
長橋可是你的腰帶？
嵐霧可是你的披紗？

三

穿黑禮服的燕子飛來了，

輕輕親著你的面頰，
說了些什麼悄悄話？

四

你爲什麼哭了？點點淚珠，
在圓圓的荷葉上滾動，
是幸福還是害怕？

五

不要說謊了，北海，
並非是好事的風，
向你的大眼睛裏拋沙。

六

愛情是離不開眼淚的，
像朵花兒，
離不開春雨的澆灑。

七

沒有眼淚的愛情，
像沙漠裏的種子，
不會萌芽，何能長大？

八

正因爲你的眼淚太多，
一千年了吧？你的愛情，
仍然是年少似花。

九

眞正的愛情是不會老的，
——那怕是白髮滿頭，
沒有愛，生命怎麼樣作價？

十

陡然間我看明白了，北海，
你懷抱裏並不是朝霞，
而是燃燒的火把。

十一

你似乎是提醒遊人，
燃燒吧，只有大膽的燃燒，
愛情才能昇華。

一九八四年八月十七日

我歌頌寂寞

一

有兩種站臺，設置在
人生旅途的兩側——
一個是寂寞，一個是歡樂。

二

人，就是這樣一個矛盾的生靈，
熱鬧中煩惱，去追求寂靜，
寂寞裏難忍，又尋找熱鬧的生活。

三

在熱鬧與寂寞之間，我

來來往往，五十多個歲月，
耕耘了什麼？收穫了什麼？

四

熱鬧與歡樂，如生命路上的花園，
有蝴蝶的舞，有小鳥的歌，
就是沒有生命的果。

五

而寂寞，如生活的古化石，
雖然不會有半點兒溫熱，
但可以壘成向上的梯階。

六

當生命進行最後的決算，
我才明白，歡樂與熱鬧，
原來是沒有收成的荒漠。

七

於是，我歌頌寂寞了，
它冷冷的外殼有熱熱的血啊，
營養著果和美好的花朵。

八

甘於寂寞，珍惜寂寞吧，
它雖然沉重，卻一步步，
引你走進天國。

雪啊，雪啊

一

多情的精靈，因愛的緣故，
被上帝誘上了天堂，
虛幻中絕望成冰冷。

二

潔白的形體，
潔白的靈魂，
飄飄降落在原始。

三

沒有悔恨，

也沒有悲泣，
無聲的近乎於死。

四

絕望於天堂的死原諒了地獄，
用無瑕的潔白鋪設
魔鬼醉後的臥床。

五

就這樣的相遇了，在鬼
逃出地獄之前，在神
逃出天堂之後。

六

在鬼還是人的時候，渴求淨化，
偷來了鶴的翅翼，
飛進神的世界。

七

但耐不住神界的嚴寒，還原了
人的重量，降回
人鬼神混雜的土地。

八

悲劇就在於心還沒有異化，
馱著如泥土般肥沃的感情，
掙扎在文明與原始之間。

九

雪紛飛著降落，尋覓
種籽的萌芽，
花朵的媚笑。

十

而心靈呼喚著火，呼喚著
比天火還熱烈的
大地深處的火。

十一

雪生來就是爲了熔化的——
荒蕪的山頭期待眩暈，
沉寂的小河期待喧鬧。

十二

法典不能囚禁，
戰爭無法打斷的
一種生命永恆的宗教！

十三

正如樹的靈魂，
岩層囚禁十萬年，

也要燃燒！

十四

於是雪不再和冰結合，不再
追求晶瑩的永恆，
投入地火的懷抱。

十五

一種同等強烈的粉身碎骨
一種同等重量的死，宣布
冰川世紀的結束。

十六

窗外那棵老梅樹，傲氣十足的
用淡青色的花朵，
講授著老莊的哲學。

十七

雪花望著梅花笑了：
你的果子是酸的，
我的果子是甜的。

十八

那是淚，女人最是女人時的淚，
男人最是男人時的淚，
漫天飛揚

一九八九年一月六日　大雪中

美的震動

驟然間，人，都停止了腳步，停止了
許許多多急切的心事，爲了你
轟轟隆隆馳過。

一種流線型的
韻律，和
節奏。

就連挺進中的坦克，和
嬰兒的篷車，都要停下來，爲了你
轟轟隆隆馳過！

一種風馳電閃，從歷史的深處來

到歷史的深處去，呼喚
有耳朵和沒有耳朵的生命。

群山裂開了胸膛，大江大河
也鼓浪托出長虹，爲了你
轟轟隆隆馳過。

一種震動的美和美的震動
在你在他在我的意識識裏
震落了什麼又震醒了什麼？

爲了你爲了你轟轟隆隆馳過
人間所有的十字路口
都被等待隔斷。

附註：散步至鐵路邊，正遇列車通過，我和許多行人和車都停下腳步等待，故以詩記之。

一九八九年一月十四日八角村

斗室偶記

爲了斗室的穩固，我把長江黃河
分別掛在左壁和右壁
而中間，安放我的重量

要縮小的必須凝固
要放大的只有流淌
感情的烈馬陡然脫繮

凝固才能支撐我的身架，因
血管裏
湧盪著太多太猛的浪

頭頂上那盞圓圓的電燈
不知何時，變成了太陽
矖著我的理智也矖著我的荒唐

只有對面牆上的李白，毫無表情的
望著我，似乎在加減乘除
我的肉體和我的思想

於是，我打開了一瓶家鄉的麯酒
引誘李白從牆上走下來
共我品嘗

一九八九年一月十一日夜八角村

情史的十四行詩

之一

從生命的哪一天開始？那種
誰都必有的感情的律動
似乎是上帝的旨意
每一根毛血管
每一條神經
開始了不可名狀的騷亂
如沉睡的泥土
朦朧中甦醒，驚愕
異性發香的刺激，和
令人窒息的眼神的注視
　從此，花朵有了另外的意念

星星也有了語言
　心的門悄悄被推開
　接待想像中的情人

之二

很新鮮很陌生的一種悸警
如霧似雲的孤獨感
失眠和夢同時走來
一種飢渴
破壞了童貞的平靜
因神秘而好奇
因好奇而煩悶
因煩悶而試探
因試探而失魂落魄。從此
便有了連父母也不告訴的心事
　如一頭小鹿
從花叢中擡起頭來

以獨立的步態走向成熟
開始了愛的旅程

之三

愛是生命之樹的花朵
需要光
需要熱
需要風
也需要雨
但不是爲蜂
也不是爲蝶
它只是爲愛而開放
爲愛而芬芳
爲愛而美麗
因此，花朵的謝落
並不是愛的枯萎
果子深知這種哲學

才沉重得豐滿而甜蜜

之四

有人說愛情是一種反復無常的
選擇。我說
愛情首先是一種細心的
尋找，而且
是從尋找自己開始
尋找自己的髮式
自己的面容
自己的顏色
自己的美學
自己的心靈
　尋找自己並非爲了自己
戀愛中的人，總是
在對方的眼睛裏尋找
自己應有的模樣

之五

那模樣的裏裏外外
都是自己精心塑造。但
塑造是爲了選擇
如欲燃的柴選擇火
（並不是所有的火都點燃自己）
如迷失的腳選擇路
如迷失的路選擇燈
但最終的選擇是廟
是廟裏的蓮花座
是愛神的聖潔和尊嚴
　命運常常捉弄人，有的
　只選擇一次，有的
　選擇了一生，還是
在無可選擇中埋葬了塑造

之六

佛家道家都是研究愛的宗教
一個結論是空
一個結論是不可知
而我說，愛是一種神奇寶藏的
探索和開發
心很小很小而又無比浩大
寬過海也深過海
誰要敢斬風破浪的開採
誰將是人類最大的富翁
而逃避者只能收穫泥沙
連無知的蜜蜂也懂這個道理
把一朵小花視爲宇宙
用固執的愛提煉
一個甜蜜的世界

之七

愛是動態的，最高峰
是近乎死亡的一種瘋狂
兩堆火互相燃燒
構成天上的彩虹
兩排浪互相撕裂
編織帆船的夢
最軟弱的東西也最堅強
最瘋狂的時候也最安寧
火山的崩裂破碎，之後
才會有嶄新的生
　幸虧靈與肉的爭論，總是
理論與實踐的脫節
　人類才沒有絕種
愛情才保持了永恆

之八

人類史證明，愛是最具有智慧
最具有創造性的一種力
創造了人和人的美
——外形和內心
也就創造了詩學
創造了畫理
創造了天文
創造了地貌
查一查吧，一切美的學問中
都有愛神的耕耘
　但要十分小心，愛的雙手
也可能化成枷鎖
毀壞愛的常常是妒嫉
而不是炮火

之九

老人的愛是一種生命的沉澱
是沉澱後的一種昇華物
是昇華物壘築的一種城堡
寧靜、安詳得
沒有春夏秋冬的情緒
但有花——凝固了
有鳥——不再飛翔
有雷——沒有聲響
有雪——不再寒冷
有陽光——不再烤人
　這樣的城堡是攻不破的——
　因爲沒有了情慾作內應
　城堡上旗幟歡笑著兒孫
　去重複愛的成功和失敗

之十

人類從誕生就有了自己的宗教
那就是兩性之間的愛而不是恨
它勝過佛教道教和耶穌
人人都是赤誠的教徒
雖然它沒有教皇
沒有廟宇
沒有僧侶
卻有著神聖的聖經
不容虛假，只容忠誠
愛是眞善美的集中
　愛是宇宙間至高無上的神
　　愛繁殖著美
　美繁殖著愛，保護著
人類的青春

附記：最近去海南走了一趟，觀賞了許多人和物，死去的東西很多，但愛仍然活著。於是想寫一首詩，但又找不到適應的形式，回到北京讀到錢光培教授一篇文章《中國十四行詩的昨天與今天》，文章中講到我二十三年前的一次嘗試，一次災難，於是眾多感情眾多思索便潮水般歸了漕。

一九八九年八月十五～十六日

女人的十四行詩

女人之一

不是花不是柳不是星不是月
但也不是金不是玉
只是一個有血有肉誰也躲不開的
誘惑，恰似
一堆涼爽的火
一塊溫暖的冰
渴時可飲
冷時可偎
夢裏可見
醒又迷失的一個
男子漢都爭著往裏跳的

陷阱
一半黑暗一半光明
一半是死一半是生

一九九〇年一月十七日

女人之二

女人第一個聰明的發現
自己的臉原來是一張
最耐用的宣紙
選購各樣色膏塗抹
內心深處的那種
飢渴的呼喚
呼喚目光的深度
呼喚嘴唇的熱度

呼喚一種引火燒身的壯烈
原來，白色和黑色之間
還有別的顏色
描繪戰爭

刀槍難入的男子漢，往往
被一幅畫攻破

一九九〇年二月廿日

女人之三

女人的胸懷是最大的海，總是
編織不同色調的浪
圍繞她的島嶼
怕沉沒更怕漂移
而心，精緻如鳥籠

用最細膩的感情
餵養她的小鳥。但籠門
總是緊緊關閉
眼睛異常的明亮，掛在
愛城角樓之頂
防守她的寨主
越牆而逃的行動

女人就是這樣的暴君
用愛屠殺著愛

一九九〇年二月廿五日

女人之四

生性愛征服，但勝利的榮譽感
如紙糊的燈籠
亮麗而空虛

沒有實在的快樂

俘虜的奴僕再多仍是奴僕
組織不成安全感的衛隊
孤孤獨獨
勝者的寂寞

心甘情願的失敗
丟盔解甲之後
才有女人的
最高的境界

總是征服中追求到被征服
才能寫愛的全過程

一九九〇年三月廿六日

女人之五

早晨起來的第一個動作
端坐在鏡子前
尋找夢裏丟失的自己

夢裏的自己很累了，還
躺在枕頭底下，等待
溫存的再糾纏

女人是愛好修改自己的
就是皺紋，也要
皺得合乎美學

倘若鏡裏映著的是靈魂
靈魂的皺紋和斑點
怎麼樣修補

每天早晨都來修補自己
人類才會越來越美麗

一九九〇年三月一日

女人之六

女人比男人所多的，是一套
視覺系統，而且
有著很好的潛望功能
長在眼睛對稱的部位
隱避在後腦髮絲裏
雖沒有形
卻異常的銳敏
背後偷看的目光
以及目光的軟度和硬度
熱烈或冰冷，都能準確的
輸入大腦，作出靈敏的反應——

回首，再用有形的眼睛查證
男人是離不開女人的
恰如黑夜離不開燈

一九九〇年二月廿四日

女人之七

女強人的生活裏
感情的路向回轉
轉回小學一年級
第一次坐在課桌前的位置

人，一旦進入戰場
全部的腦細胞
都活躍在
武器的純度和利度

女人變成女強人之後
才眞正變成弱者
無可奈何的看著她的囚徒
棄她而走

女弱人女強人都在演悲劇
因爲都是半個女人

一九九〇年二月廿七日

女人之八

變作雲朵，從高空俯望人世
不帶感情的審視
女人挑起的一切糾紛
就會省悟，男人
長達萬年的強權
槍奪女人的

縮小再縮小的選擇
造就成的意識之裏意識之外
人類的病症
該怎麼樣醫治?可否
來一個矯枉過正之法
把世界交給女人管理
從法官
到總統

一九九〇年三月二日

冬天的十四行詩（九首）

海愛
村頭小景
看孩子捕鳥
潔白的暗示
月夜
冰河
童話的建築
走在雪野
雙影

冬天的十四行詩（九首）

海愛

飛雪是大海的一種表現樣式
高於浪
重於浪
深於浪
一條變態的拋物弧形
超越岸山的阻攔
濾去過濃的鹽分——
魚類的眼淚，濾去
海盜們酒精過重的血
也濾去風的野蠻
太陽的殘忍。以

最具有美感的一種形姿
撲進大地的懷抱
求愛

一九八九年十二月六日　雪中

村頭小景

裹著綠皮大衣的松柏，以
沒有視覺的目光，注視
槐樹，脫去最後一片葉子
微笑的招搖枝頭，引誘
風的寒冷的手
貪饞的撫摸。也許
驚慕於一種大膽的赤裸
藝術大師一般，用
熱積之後昇化成的最純的冷色
雕塑倔強的神態
晶瑩如玉的胴體，和

最初也是最後的一種靈魂
裹著綠皮大衣的松柏閉目了
欣賞不了不屬於它的一種美

一九八九年十二月七日北京

看孩子捕鳥

一場大雪編輯了許多
鳥爲食亡的故事
還沒有學會怎樣扶弱揚善
就熟練了乘鳥之危的技巧
篩子、柴棍和穀粒都成了
構築陷阱的材料
那根長長的放風箏的線
繫著的並非全是驚喜，如
戰場上僞裝得很美麗的那根
引爆血肉横飛的線
但陷阱裏並沒有鳥，只有

早死的童心
在潔白潔白的雪地，注釋
人類最初的醜惡

一九八九年十二月九日北京

潔白的暗示

白色是一種過程，也是
隨心所欲的一種暗示

大地穿戴起白衣白帽白手套
進手術室開刀嗎？取出
歷史胸腔裏，戰爭
留下的生銹的彈片。也許
那樣的戰爭已經隆重的死去
大地披麻戴孝
孟子葬母一般，舉行
最清潔的一次祭禮

不不，白色是產房的裝飾
安靜嬰兒的第一個夢

白色也是一種火
焚燒人性的垃圾

一九八九年十二月十四日北京

月夜

如一杯牛奶，這雪光月色
如一杯加了糖加了水
被母愛的手精心
調配過的一種細膩的感情
我幻想退回成嬰兒
香甜的吸取，倘若
鬆軟的柔和的雪野，是
母親胸脯的溫暖
一切都重新開始，包括
咯咯無邪的第一聲笑
第一次扶牆站起的

第一次艱難的挪步
但太冷，連如水的月光
也被凍成晶瑩的顆粒

一九八九年十二月十五日北京

冰河

也許失信太多等待太久
你絕望成一河冰鏡
無依的沉默，嘲弄
太陽的世故月亮的虛情
多思又多慮的望著我
如往昔，從我的唇型
猜測我的耿勇我的怯懦
從我的眼神問我的心思
但我如舊，仍固執的尋找
你浪的金色的笑
你帆的白色的舞

你柳的綠色的歌
我深信著你仍如我
冰塊下面是沸騰的熱血

一九八九年十二月十六日北京

童話的建築

忘記世界也忘記自己之後
五歲的我從雪堆裏鑽出來
以雪球爲彈向我猛烈開火，砰砰
把六十歲的我槍決，然後
抹一把鼻涕跪下來，以
最聖潔的情愫
把雪壓擠成漢白玉
精緻的建築童話的世界
疊冰山挖冰河
栽一林冰的松冰的白樺，再
揑幾隻小兔野　松鼠和狐狸

但不願有獵人走來，這時候
最害怕太陽來親愛
熟耀我的建築和我雕塑

一九八九年十二月十七日北京

走在雪野

我知道我走不回去了，但我
仍要向回走，踏著雪
雪，呼喊著我的名字，用
凍結了的號聲槍聲
槍聲，熱乎乎的血，在
冷冰冰的雪地上描繪厮殺
厮殺，飛揚的雪一層又一層
埋不住母親的哭泣

哭泣的雪花飛揚，飛揚
岳將軍揮舞的劍光迎目
迎目的還有漢代的大雪，雪裏
蘇武趕著羊群走來
我知道我走不回來了，在
茫茫的雪的歷史深處

一九八九年十二月十七日北京

雙影

因心冷，彼此發出呼喚，卻選擇
荒涼的雪野相會
苦戀著一種因冷才有的潔白
憂傷而又高傲
默默相攜移步
向著雪的深處
風的歸處，丈量
命運的寒期
捐出生命僅存的火
互相燃燒
心裏和心外的冰雪

並不期求草再青花再紅
僅僅預防
嚴寒過後再來嚴寒

一九八九年十二月十八日北京

隨感十四行詩（七首）

給涂靜怡的十四行詩
故宮的龍椅
秋雨
太陽雨
逝去的歲月
錯愕的夢
夢

隨感十四行詩（七首）

給涂靜怡的十四行詩

幸好沒有機會見面，我才可以
任性又任情的
用筆、用
十四種顏色
畫你的身姿——
風中的翠柳或雪中的白楊
描你的面容——
地上的花或天上的月。但
這一切我都不敢搬來

繪製你的形影
只想用赤黃色的膠泥
塑一座詩神，踏著浪
舉著風燈
遙遙的照我

一九八九年十月五日讀完「秋水詩選」而作
原載「秋水」第六四期

故宮的龍椅

我來參觀，難道僅僅觀賞
那一堆著名的朽木！雖然
被彩緞被虎皮被金花銀鳳，被
各色寶石精心裝飾，但
還是無血無肉無心的木頭
一朝又一朝的被爭
被奪
被搶
浪費了太多的心思
眼淚
血，和

精緻的詭計
漫漫歷史，原本是演了又演的
搶椅子的遊戲

一九八九年八月廿日
原載「秋水」第六四期

秋雨

雨，吵吵鬧鬧了一整夜，現在
還在吵，爲著什麼爭執？
雨說，你伸長耳朵聽一聽
整個地球都在大吵大鬧。
用槍用刀，
用坦克、用砲、用火箭，
用報紙，
用電臺，
有的雖然嘴巴微笑，
心與心在對罵，
地球失去了冷靜，太亂了，

需要淋一淋大腦。
我也暗運氣功，猛吐幾口唾沫而已，
沒有力量說孬道好。

原載「秋水」第六六期

太陽雨

太陽哭了，悲悽的沉重的淚水
在椰子葉上訴說，但我
聽不懂，只能仰面承受
熱的光點冷的淚點
說不明白心的旋律的混亂
正如說不明白太陽的心事
也許是自愧，總是照耀不到
歷史之山背後的積雪
冰冷的心等不到溫暖
花朵沒有力氣微笑
太陽才哭，哭它的馬車

只被允許沿著一條軌道
更哭它沒有權力
調換一名駕車夫。

一九八九年六月十五日

逝去的歲月

逝去的歲月是逝去了，正如
潑出的水無法收回
很冷很冷的冰
很烈很烈的火
爭奪著荒原
倘若准許再重生一次
那盆歲月的水我將怎樣支配？
不會養金魚
但也決不會
在焦渴的沙漠裏流失
也許，比愛比恨還要強大的

是懺悔！
不會懺悔的生命不叫生命
如一棵果樹不會開花。

一九八九年七月六日

錯愕的夢

突然省悟，那麼多眼睛那麼多耳朵
捕捉天上的地理地下的天文
——錯亂神經的運作
水在烈火裏結冰
火在油海上熄滅
太陽於午夜升起，追趕遠古
星月的奔逃
千年的老柳再度開花
一歲的白楊剛蓓蕾就迎風腰折
焦渴期的好奇只是迷茫中的恐懼
美女的手臂於血紅腥綠中伸來

熱烈的擁抱變爲絞索
絞死心靈裏那首情歌，和
神與人微笑的膠合

一九八九年七月廿四日

夢

我的翅翼很累，沿著
夢中的天圖
追踪一顆行星

可有冷雨
可有熱風
擾亂她的行程？

有詩神作伴，我是放心的
但不知她是否留意
鐵力士雪山的心事過重

我還是過早的走進威尼斯
顧一隻仿古小舟，伴她
尋覓水城的憂慮。

但我的歸路卻迷失了，
迷失於醒與夢的結盟。

一九九〇年六月五日深圳
原載「秋水」第六六期

必須要說的幾句話

這是一冊描寫感情和心靈生活的詩集，我希望臺灣的讀者朋友能夠喜歡它。

我的詩集其所以能夠在臺灣出版，正如許多生活在臺灣的作家、詩人的作品能夠在大陸出版一樣，首先是時間老人的功績，它把不幸的歷史推向了有幸。

這裏必須要記敍的是一個比詩還美的故事。我的這冊詩集，是墨人、文曉村詩兄精心編選的，墨人兄還在百忙之中寫了序，並且他們二位還打算私人掏腰包替我出版，當文史哲出版社彭正雄先生知道之後，慨然接過詩稿，決定由他印製送到讀者手中。這些比詩還美的心靈活動，我不敢說感謝二字，只能放存在我心靈深處珍藏。

還有一首詩應當牢記，那就是涂靜怡詩友精心選了一幅她的畫作爲封面，美化了這冊詩集。

這一切的一切，更加强了我歌頌善、歌頌美、歌頌友愛的信念。

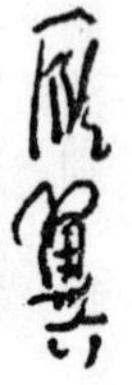

一九九一年九月十三日深圳